Suomenlinna

Lina Tegman – Reijo Lahtinen

Suomenlinna

Saarilla – På öarna – On the Islands

Helsingissä Kustannusosakeyhtiö Otava

Svenska kulturfonden ja Fotoyks Oy ovat tukeneet kirjan tekemistä.
Esilehdet: © Military archives, Stockholm
Valokuva sivun 39 kuvassa: Museovirasto

© 2007 Lina Tegman (valokuvat), Reijo Lahtinen (teksti) ja Kustannusosakeyhtiö Otava

Tekstin on kääntänyt englanniksi Pat Humphreys ja ruotsiksi Lotta Moring

Graafinen suunnittelu ja taitto: Timo Numminen

Painopaikka:
Otavan Kirjapaino Oy
Keuruu 2007

ISBN-13: 978-951-1-21906-4

Saarilla

Ruotsin valtio rakensi 1700-luvun toisella puoliskolla Helsingin edustalle linnoituksen puolustamaan Suomenlahden merireittejä ja eräiden tulkintojen mukaan myös tukikohdaksi Venäjän vastaisille sotatoimille. Ruotsin liittolainen Ranska avusti hanketta 90 tynnyrillisellä kultaa. Rakennustyöt käynnistyivät keväällä 1748 ja jatkuivat kiivaina kolmen vuosikymmenen ajan. Linnoitus sai ruotsinkielisen nimen Sveaborg, joka suomenkielisen kansan suussa sai muodon Viapori. Kun Venäjä valtasi sodassa 1808–09 Suomen, Suomesta tuli Venäjän suuriruhtinaskunta ja Viaporista venäläinen linnoitus.

Viaporin rakennustöitä johti alusta lähtien täysiverinen valistusajan kasvatti, ruotsalainen tykistönupseeri Augustin Ehrensvärd. Paljon matkustelleena hän oli perehtynyt laajasti myös ajan taidesuuntauksiin ja kulttuuriin. Kuningas Kustaa III soi Ehrensvärdille kreivin arvon ja ylensi hänet kuolinvuoteella sotamarsalkaksi.

Linnoitus ei voi juuri ylpeillä sotilaallisilla saavutuksillaan. Miesvahvuudeltaan ylivoimaiset Viaporia puolustaneet viimeiset ruotsalaiset ja suomalaiset sotilaat ja saarten asujaimisto siirtyivät 8. toukokuuta vuonna 1808 jään yli Helsinkiin. Venäläinen valtaaja tuli seuraavana päivänä samaa reittiä linnoitukseen ja otti sen ilman laukaustakaan haltuunsa. Ainoassa taistelussaan elokuussa 1855 Krimin eli Itämaisen

sodan aikana linnoitus kärsi täysin puolustuskyvyttömänä englantilais-ranskalaisen laivasto-osaston pommituksessa suuria vaurioita.

"Erämaista nämä Susiluodon saaret on muutettu Viaporiksi" on hakattu Kuninkaanportin kivitauluun. Alkuperäinen karu saaristoluonto näkyy vielä Kustaanmiekan rantakallioissa ja hiekkavallien taustan karuissa pensaikoissa. Leimaa antavinta Suomenlinnan maisemassa ovat kuitenkin ihmisen rakentamat maisematekijät. Linnoitusvallien ja -muurien sisällä lomittuvat ryteikköiset luonnonalueet ja merenlahdet istutettuihin puistoihin, hyötypuutarhoihin ja avoimiin kenttiin. Suomenlinnan maisema elää voimakkaasti sään ja vuodenaikojen vaihteluiden mukana.

Maisemakuvaa hallitsee kaksi selkeää ajallista kerrostumaa. Ensimmäinen on pääasiassa Augustin Ehrensvärdin rakennuttama Ruotsin vallan aikainen linnoituskaupunki. Sille ovat ominaisia harmaasta graniitista muuratut linnoitusmuurit ja niiden takana komeat, osittain linnoitetut asuin- ja muut hyötyrakennukset. Tämä vaihe jatkui lähes muuttumattomana Ehrensvärdin kuoleman jälkeen venäläiselle kaudelle Krimin sotaan saakka.

Krimin sodan tuhojen jälkeen alkoi linnoituksen uudenaikaistaminen. Merelle päin, länteen ja etelään, suuntautuva kallioranta sai uuden ilmeen mahtavista hiekkavalleista tykkiasemineen. Vallien taakse nousivat suuret yksikerroksiset kasarmirakennukset sotilaiden majoitustiloiksi. Myös ylikorkeat ruotsalaisen kauden rakennukset purettiin matalammiksi.

Ehrensvärdin luoma linnoitusratkaisu on myös nerokas arkkitehtoninen taideluomus. Linnoituslaitteiden väliin jäävistä tiloista syntyi mielenkiintoisia aukio- ja tilaryhmiä sekä puistosommitelmia. Viaporin keskeisimpien rakennusten rajaamaa Susisaaren barokkityylistä suurta linnanpihaa valeperspektiiveineen on pidetty aikansa hienoimpana aukiona Suomessa. Krimin sodan pommitukset vaurioittivat kuitenkin rankasti aukiota reunustavia rakennuksia ja linnoituslaitteita. Myöhemmät purkamiset ja uudisrakentamiset sekä istutukset ovat muuttaneet aukion luonteen vaikeasti hahmotettavaksi. Jäljellä on vain idyllinen torso loistavasta arkkitehtonisesta mestariteoksesta. Linnanpihan lähellä on vallihaudan yhteyteen rakennettu Piperin puisto. Se on varhaisimpia englantilaistyylisiä puistosommitelmia maassamme.

Viaporissa toimi suuri joukko aikansa lahjakkaimpia taiteen edustajia Ruotsista. Oli maalareita, arkkitehteja, teatterintekijöitä ja muusikkoja. Seuraelämä oli vilkasta. Vaikutukset säteilivät voimakkaina koko Suomen siihenastiseen takapajuiseen elämäntapaan.

Ehrensvärdin avustajina ja neuvonantajina toimivat aikansa merkittävimmät tukholmalaiset arkkitehdit. Näistä huomattavin oli Carl Hårleman, jonka käden jälki näkyy Linnanpihan ohella myös Kustaanmiekan Kuninkaanporissa sekä komeassa asuintalossa Nooakin arkissa Isolla Mustasaarella.

Monet aikansa etevimmistä taidemaalareista ovat ikuistaneet linnoituksen ihmisiä ja rakentamista maalauksissaan ja piirustuksissaan. Näistä tunnetuimpia olivat Louis Jean Desprez, Elias Martin ja Adolf Erik Geete. Ehrensvärd oli itsekin taiteilijana erittäin lahjakas. Tästä ovat todisteena hänen Viaporin maisemaa ja saaristolaivastoa kuvaavat työnsä. Augustin Ehrensvärdin poika, kenraaliluutnantti Carl August Ehrensvärd kuvasi piirroksissaan Viaporin henkilöitä ja tapahtumia, mutta ennen kaikkea hänet tunnetaan eloisista ja humoristisista aikalaiskuvauksista iloineen ja paheineen.

Aikansa tunnetuimman ruotsalaisen kuvanveistäjän Johan Tobias Sergelin pronssityöt täydentävät kuningas Kustaa III:n luonnostelemaa Augustin Ehrensvärdin hautamonumenttia Susisaaren Linnanpihalla.

Helsingin musiikkielämäkin lähti liikkeelle Viaporista. Musiikinopetus kuului 1700-luvulla muiden taiteenlajien ohella upseerien yleissivistävään peruskoulutukseen. Viaporissa olevilla eri sotilasyksiköillä oli jokaisella omia soittajia. Helsingissä ei musiikin esittämiselle ollut edes sopivia tiloja. Pietarissa ja Turussa esiintyneet muusikot vierailivatkin ohikulkumatkoillaan Helsingin sijasta Viaporissa antamassa konserttejaan.

Viaporiin saapui sotilassoittokunnan oppilaaksi 1700-luvun lopulla muutamaksi vuodeksi Uudessakaupungissa syntynyt 12-vuotias Bernhard Henrik Crusell. Tämä eurooppalaiseen maineeseen yltänyt kuninkaallisen hoviorkesterin klarinetisti teki elämäntyönsä Tukholmassa. Häntä on jälkikäteen arvostettu jopa Suomen musiikin isänä.

Tukholman hovissa erityisen suosittu teatteritaide levisi luonnollisesti myös Ehrensvärdin Viaporiin seurapiirien harrastukseksi. Teatterin innokkaina vetäjinä mainitaan kreivi

Johan Adam Cronstedt puolisoineen. Vähitellen kustavilaisen ajan loppupuolella teatterin kieli muuttui ranskasta ruotsiksi, jolloin Helsingin ylemmät porvarispiiritkin pystyivät nauttimassa linnoituksen taide-esityksistä. Viaporin seuraelämässä seurattiin muutenkin Tukholman hovin tapoja. Ehrensvärd sai tosin moitteita siitä, että hän ja ylemmät upseerit saattoivat esiintyä työtehtävissään puuteroimattomina ja karkeissa vaatteissa.

Viaporin linnoituksen sydän, telakka, tarjosi laivanrakennuksen yhteydessä monenlaisia työtehtäviä suurelle käsityöläisten joukolle. Tarvittiin muun muassa sepäntaitoa, purjeompelua, köydenpunontaa, koristemaalauksia ja puukaiverruksia.

Vuonna 1805 Viaporissa oli 4 600 asukasta. Linnoitus oli väkimäärältään Turun jälkeen Suomen toiseksi suurin "kaupunki". Kun keisari Aleksanteri I vuonna 1812 kohotti Helsingin Suomen suuriruhtinaskunnan pääkaupungiksi, alkoi kaupungissa ripeä kehitys kaikilla elämän aloilla. Yliopiston siirtyminen vuonna 1828 Turusta Helsinkiin kiihdytti pääkaupungin kasvua entisestään. Samalla Viapori menetti asemaansa alueen sivistyksellisenä edelläkävijänä.

Venäläisen kauden alkuvuosikymmeninä aina vuoteen 1855, Krimin sotaan saakka Viaporissa vietettiin varuskuntakaupungin rauhallista elämää. Siellä toimi kirkko, koulu, käsityöläisiä ja kauppoja. Viaporissa asui myös muuan kauppias Nikolai Sinebrychoff, joka vuonna 1818 perusti pohjoismaiden vanhimman edelleen toimivan panimon. Linnoituksen venäläisellä kaudella suomalaisille tulivat tutuiksi myös monet aikansa tärkeät keksinnöt, kuten höyrylaiva, valokuvat ja lennätin.

Suomen itsenäistyttyä Viaporista tuli suomalainen varuskunta, ja sen nimi muutettiin Suomenlinnaksi. Varuskunnassa oli eri aikoina laivaston. rannikkotykistön ja ilmatorjunnan yksikköjä ja muun muassa sukellusvenetukikohta. Suomen itsenäisyyden alkukaan ei ollut linnoitukselle kunniakas. Se joutui toimimaan kansalaissodan aikana vankileirinä.

Nykyisin saarten sotilaallinen käyttö on vähäistä. Pikku Mustasaarella sijaitsee merisotakoulu koulutusaluksineen. Vajaa kolmannes Suomenlinnan noin 900 asukkaasta on puolustuslaitoksen palveluksessa olevia sotilaita tai siviilivirkamiehiä ja heidän perheenjäseniään.

Sotilaallisen toiminnan väheneminen 1960-luvulla merkitsi linnoituksen kiihtyvää rappeutumista. Rakennukset olivat käytön puutteessa tuhoutumassa, maisema oli hoitamaton ja vanhat linnoitusmuurit ja -vallit sortumassa. Vuonna 1973 Suomenlinna sai siviilihallinnon ja saaret siirrettiin puolustusvoimilta Suomenlinnan hoitokunnan hallintaan. Pari vuotta myöhemmin valmistui Suomenlinnan käyttösuunnitelma, jossa ideoitiin Suomenlinnalle uusia käyttäjiä. Niiden tuli liittyä joko linnoituksen historialliseen ja merelliseen ympäristöön tai kulttuuriin. Ennen kaikkea Suomenlinnasta piti kuitenkin kehittää elinvoimainen yhdyskunta ja kaupunginosa monipuolisine palveluineen ja aktiivisine asukkaineen.

Suomenlinna jatkaa ansiokkaasti Viaporin alkuaikojen taiteen ja käsityön perinteitä. Saarilla on työskennellyt ja työskentelee merkittäviä suomalaisen kulttuurielämän vaikuttajia. Asukkaina on kuvataiteilijoita, kirjailijoita, valokuvaajia, elokuvantekijöitä, teatteri- ja tanssitaiteilijoita, arkkitehteja ja taidekäsityöläisiä.

Hyvän Omantunnon linnakkeessa on toiminut jo vuosikymmenet kansallisesti hyvin korkealle arvostettu kesäteatteri tunnettujen vierailevien teatteriryhmien voimin. Suomenlinnan upeissa holvitiloissa on esiintynyt lukuisia ulkopuolisia tai saarten omia ammattilaisia tai harrastelijapohjaisia esiintyjäryhmiä, jotka viihdyttävät myös muualta saapuvia vierailijoita.

Tärkeä askel Suomenlinnan kehittämisessä oli vuonna 1978 perustettu Pohjoismainen taidekeskus gallerioineen ja vierasateljeineen. Keskuksen tehtävänä oli levittää tietoa pohjoismaisesta taiteesta Pohjolaan ja sen ulkopuolelle. Rantakasarmissa Isolla Mustasaarella sijaitsevan gallerian taidetarjontaan on alusta lähtien kuulunut niin nuorten kuin nimekkäidenkin suomalaisten ja pohjoismaisten taiteilijoiden näyttelyiden esittely. Susisaarella toimi merkittävien suomalaisten taiteilijoiden kasvattajana tunnettu Vapaa taidekoulu, jonka työtä jatkaa nykyisin Taidekoulu Maa.

Musiikki on voimakkaasti läsnä myös tämän päivän Suomenlinnassa. Saarilla asuvat ammattimuusikot klassisesta musiikista jazzin ja viihteen kautta nykymusiikkiin ilahduttavat saarelaisia ja mantereelta saapuvaa yleisöä kotikonsertein ja esiintymisillään eri tilaisuuksissa. Suomenlinnalaista monipuolista taide-elämää yhdistävä Viapori Forum on aktiivinen toimija, jonka järjestämät jazztapahtumat ovat nousseet maamme arvostettujen musiikkitilaisuuksien joukkoon. Viaporin sotilassoiton perinnettä jatkaa kirkon tornin ylätasanteelta kesäiltoina kuuluva saarilla asuvien sotilassoittajien iltasoitto.

Suomenlinna on lapsille virikkeinen ympäristö. Salaperäiset tunnelit, jyhkeät seinät ikkunasyvennyksineen, vanhat puut ja lukuisat tarinat kummituksineen saavat mielikuvituksen laukkaamaan. Onpa joku väittänyt törmänneensä Suomenlinnan kuuluisimpaan kummitukseen "päättömään everstiinkin". Tarinan taustalla on Viaporin kapinassa 1906 Vallisaaren Aleksanderin patterin lähellä surmattu eversti, joka nyt rauhattomana harhailee Susisaarella.

Suomenlinnan käsityöläisperinnettä jatkavat monet eri alojen taitajat työtiloissaan Susisaarella. Pot Viapori on koonnut joukon tunnettuja keraamikoita ateljeensa suojiin. Saarella toimii myös lasinpuhaltajan hytti, veneveistäjän verstas, sepän paja, purjeneulomo sekä lukuisia yksittäisiä käsityöyrittäjiä, jotka myyvät tuotteitaan kesämyymälässään.

Koko linnoituksen vanha sydän, Susisaaren kaleeritelakka, on herännyt uuteen eloon. Telakka-aluetta ylläpitävä yhdistys kokoaa joka syksy suuren joukon vanhoja, pääasiassa puisia perinnealuksia telakka-altaisiinsa talven aikana kunnostettaviksi. Keväällä sulkuporttien avaaminen ja laivojen lipuminen takaisin omaan luonnolliseen elementtiinsä mereen kerää joukoittain uteliaita katselijoita.

Suomenlinnassa vierailee vuosittain yli puoli miljoonaa vierailijaa. Suomenlinnan turistipalveluista huolehtii Ehrensvärd-seura yhdessä Suomenlinnan hoitokunnan kanssa. Seura järjestää vuosittain sadoille matkailijaryhmille peräti 15 kielellä opastettuja erilaisten teemojen ympärille rakennettuja kiertokäyntejä. Erityisen suosittuja ovat lapsille suunnatut ohjelmat, joissa voi kohdata itse kuningas Kustaa III:n hoviväkineen johdattamassa tarkkaavaisia kuulijoita salaperäisiin historiallisiin holveihin.

På öarna

Under senare delen av 1700-talet lät svenska kronan bygga en fästning vid inloppet till Helsingfors för att försvara segellederna i Finska viken, och enligt vissa teorier även som en militärbas för krigshandlingar mot Ryssland. Sveriges allierade Frankrike understödde försvarsprojekten i Finland med 90 tunnor guld. Byggnadsarbetet startade våren 1748 och pågick intensivt i trettio år. Sjöfästningen döptes till Sveaborg, och ur detta namn utvecklades så det finska namnet Viapori. När Ryssland hade erövrat Finland i finska kriget 1808–09 blev landet ett ryskt storfurstendöme och Sveaborg följaktligen en rysk fästning.

Befästningsarbetet leddes ända från början av den svenske artilleriofficeren och upplysningsmannen Augustin Ehrensvärd. Den bereste Ehrensvärd var väl bevandrad i tidens konstnärliga riktningar och kultur. Kungen upphöjde Ehrensvärd till greve och på sin dödsbädd utnämndes han till fältmarskalk.

Sveaborg kan knappast stoltsera med militära bedrifter. Den 8 maj 1808 begav sig återstoden av de till antalet överlägsna svenska och finska styrkorna som skulle försvara fästningen över isen till Helsingfors tillsammans med öarnas befolkning. Följande dag kom de ryska erövrarna samma väg till fästningen och tog den i besittning – utan att ett enda skott avfyrades. Sveaborgs enda strid inträffade under Krimkriget i augusti 1855, då den försvarslösa fästningen ådrog sig omfattande skador under en brittisk-fransk flottas bombardemang.

På en stentavla vid Kungsporten finns inskriptionen "Ifrån Ödemarker äro desse VARGSKÄRSholmar ombytte till ett SUEABORG". Den ursprungliga, karga skärgårdsnaturen finns kvar i Gustavssvärds strandklippor och de otuktade busksnåren bakom jord- och sandvallarna. Men det mest karakteristiska för Sveaborgs landskap är ändå de landskapselement som är formade av människohänder. Innanför fästningsvallarna och murarna finns allt från svårgenomtränglig, orörd natur till havsvikar, parkanläggningar, nyttoträdgårdar och öppna fält. Naturen på Sveaborg lever intensivt med i väder- och årstidsväxlingarna.

Landskapsbilden domineras av två olika skikt som är tydligt åtskiljbara i tid. Det första, äldre skiktet är fästningsstaden från svenska tiden med Augustin Ehrensvärd som främste byggherre. Hit hör befästningsmurarna av grå granit, och bakom dem de ståtliga, delvis befästa bostadshusen och nyttobyggnaderna. Detta skede i sjöfästningens historia fortsatte så gott som oförändrat efter Ehrensvärds död in på ryska tiden och fram till Krimkriget.

Efter förstörelsen som uppstod under Krimkriget inleddes en modernisering av Sveaborg. De klippiga stränderna ut mot havet i väster och söder fick ett nytt utseende tack vare mäktiga jord- och sandvallar med batteriställningar. Bakom vallarna restes långa envåningskaserner för att härbärgera soldaterna. Byggnader från svenska tiden som ansågs onödigt höga revs delvis på höjden.

Ehrensvärds befästningsplan är också ett genialiskt arkitektoniskt mästerverk. Av de områden som finns mellan befästningsanläggningarna skapade han intressanta grupper av öppna platser och parkanläggningar. Stora borggården i barockstil med dess skenperspektiv, som omges av Sveaborgs viktigaste byggnader, anses vara tidens främsta platskomposition i Finland. Byggnaderna och befästningsanläggningarna kring borggården skadades dock allvarligt vid bombardemangen under Krimkriget. Borggårdens ursprungliga karaktär är numera svår att föreställa sig på grund av senare rivningar, nybyggnationer och planteringar. I dag återstår endast de idylliska resterna av en skimrande arkitektonisk pärla. Nära Stora borggården ligger Pipers park som är anlagd i anslutning till vallgraven. Den är en av de första parkerna i engelsk stil i Finland.

På Sveaborg verkade många av de mest begåvade svenskarna inom olika konstarter: målare, arkitekter, teatermän och musiker. Sällskapslivet blomstrade, och nya influenser och impulser spreds som ringar på vattnet till det omgivande, ännu outvecklade finländska samhället och påverkade befolkningens levnadssätt.

Ehrensvärds medhjälpare och rådgivare var tidens främsta arkitekter från Stockholm. Den mest framstående var Carl Hårleman, som ritade Stora borggården, Kungsporten på Gustavssvärd och den ståtliga kasernen Noaks ark på Stora Östersvartö.

Många av samtidens skickligaste konstnärer avbildade människorna och byggarbetet på Sveaborg i målningar och teckningar. De mest berömda var Louis Jean Desprez, Elias Martin och Adolf Erik Geete. Även Augustin Ehrensvärd var en begåvad konstnär, vilket märks i hans målningar av Sveaborgs landskap och skärgårdsflottan. Hans son, sjömilitären och konstnären Carl August Ehrensvärd, tecknade både människor och tilldragelser på Sveaborg, men mest känd är han för sina livfulla och humoristiska samtidsporträtt innehållande såväl laster som glädjeämnen.

Augustin Ehrensvärds gravmonument på Stora borggården på Vargön är utfört i brons av sin tids mest berömda skulptör, Johan Tobias Sergel, efter ett utkast av Gustav III.

Även musiklivet i Helsingfors utgick från Sveaborg. Vid sidan av de övriga konstarterna hörde musikundervisningen till officerarnas allmänbildande grundutbildning på 1700-talet. Varje truppförband på Sveaborg hade sina egna musiker. I Helsingfors saknades lämpliga konsertlokaler, så förbiresande musiker som uppträdde i S:t Petersburg och Åbo gav sina konserter på Sveaborg i stället för i Helsingfors.

Till Sveaborg anlände också den 12 år gamle Bernhard Henrik Crusell från Nystad i slutet av 1700-talet för att bli volontär vid musikkåren. Crusell utförde sitt livsverk i Stockholm som klarinettist vid Kungliga hovkapellet och nådde även internationell berömmelse som musiker. Han var också kompositör och har kallats den finländska musikens fader.

Teaterkonsten, som var speciellt populär vid hovet i Stockholm, kom givetvis också till Ehrensvärds Sveaborg. Teatern var en hobby för societeten, och ivriga teaterledare var bland andra greve Johan Adam Cronstedt med maka. När teaterspråket mot slutet av den gustavianska epoken småningom övergick från franska till svenska, kunde även helsingforsare ur det högre borgerskapet avnjuta föreställningarna på Sveaborg. Även i övrigt stod seder och bruk vid hovet i Stockholm modell för sällskapslivet på Sveaborg. Ehrensvärd klandrades visserligen för att det hände att han och de högre officerarna uppträdde opudrade och i grova kläder på arbetet.

Centrum av Sveaborgs fästning, galärhamnen, erbjöd varierande arbetsuppgifter för en stor grupp hantverkare när skeppsbygget kom i gång. Det behövdes bland annat smeder, segelmakare, repslagare, dekorationsmålare och träsnidare.

År 1805 hade Sveaborg 4 600 invånare, och därmed var sjöfästningen Finlands näst största "stad" efter Åbo. När tsar Alexander I utsåg Helsingfors till huvudstad i storfurstendömet Finland 1812, vidtog en snabb utveckling i staden på alla områden. Tillväxttakten ökade ytterligare då universitetet flyttades från Åbo till Helsingfors 1828. Samtidigt förlorade Sveaborg sin ställning som kulturell ledstjärna i regionen.

Under de första årtiondena av den ryska tiden och en bit in på Krimkriget 1855 var Sveaborg en fridfull garnisonsstad. Där fanns en kyrka, en skola, hantverkare och affärer. Och där bodde bland andra en köpman vid namn Nikolaj Sinebrychoff. Han grundade ett bryggeri 1818 som i dag är Nordens äldsta bryggeri. Under sjöfästningens ryska epok bekantade sig finländarna med många av samtidens viktigaste uppfinningar, ångfartyget, fotografin och telegrafen.

I och med Finlands självständighet blev Sveaborg en finsk garnison. Samtidigt fick fästningen ett nytt finskt namn: Suomenlinna. Garnisonen har inhyst militärförband från flottan, kustartilleriet och luftförsvaret och en tid fungerade den även som ubåtsbas. Efter inbördeskriget 1918 var Sveaborg fångläger, så den allra första tiden i det självständiga Finland var ingen ärorik tid i fästningens historia.

Numera är det militära inslaget på Sveaborg inte lika stort. På Lilla Östersvartö finns Sjökrigsskolan med sina skolfartyg. En knapp tredjedel av de omkring 900 invånarna på Sveaborg är soldater eller civilpersonal som arbetar inom försvarsmakten och deras familjer.

Den minskade militära närvaron på Sveaborg på 1960-talet medförde ett tilltagande förfall. Byggnaderna stod tomma och for illa i brist på användning, landskapet blev ovårdat och de gamla befästningsmurarna och vallarna började rasa ihop. År 1973 övergick öarna från försvarsmakten till ett civilt styre under en förvaltningsnämnd. Ett par år senare fick Sveaborg en dispositionsplan med idéer om nya användargrupper, som antingen skulle ha anknytning till öarnas historiska och havsnära miljö eller till kulturen. Framför allt skulle Sveaborg utvecklas till ett livskraftigt samhälle, en stadsdel med mångsidig service och aktiva invånare.

På dagens Sveaborg förs konst- och hantverkstraditionerna från fästningsöarnas första tid förtjänstfullt vidare. Framstående finländska kulturpersonligheter har arbetat och arbetar än i dag på öarna. Här bor bildkonstnärer, författare, fotografer, filmskapare, teater- och danskonstnärer, arkitekter och hantverkare.

I ravelinen Godt Samvete finns sedan 1968 en sommarteater som bjuder på uppskattade föreställningar framförda av gästande teatersällskap. Under de magnifika valven har under årens lopp uppträtt både tillresta och lokala professionella grupper och amatörsällskap till öbors och turisters förnöjelse.

En milstolpe i Sveaborgs utveckling var grundandet av Nordiskt konstcentrum 1978 med gallerier och ateljéer för gästande konstnärer. Konstcentret spred information om nordisk konst både inom och utanför Nordens gränser. I galleriet i strandkasernen på Stora Östersvartö ställer såväl unga förmågor som välkända inhemska och nordiska konstnärer ut sin konst. På Vargön verkade tidigare Fria Konstskolan, där många framstående finländska konstnärer har fått sin utbildning. Öns konsttraditioner förvaltas i dag av konstskolan Maa.

Musiken är starkt närvarande på Sveaborg också i dag. Här bor professionella musiker som sysslar med allt från klassisk musik till jazz, underhållning och modern musik. De gläder öborna och ditrest publik med hemkonserter och uppträdanden på olika evenemang. Sveaborgs mångsidiga konstliv förs samman i de lokala konstnärernas förening Viapori Forum, vars jazzkonserter hör till de populära finländska musikevenemangen. Sommarkvällar kan man höra militärmusiker bosatta på ön blåsa taptot på kyrkans balkong, en fortsättning på öns militära musiktradition. Taptot är den militära kvällssignalen som anger att det är dags att gå till sängs.

För barn är Sveaborg en stimulerande miljö. Fantasin får riklig näring av hemlighetsfulla tunnlar, branta murar med gluggar, gamla träd och spökhistorier. Det finns folk som påstår att de har sett Sveaborgs mest kände gengångare, översten utan huvud, irra osalig omkring på Vargön. Historien har sitt ursprung i Sveaborgsupproret 1906, då en överste blev dödad nära Alexanders batteri på Skanslandet.

Sveaborgs hantverkstraditioner förs vidare i verkstäder på Vargön. En grupp kända keramiker arbetar i ateljén Pot Viapori. Här finns även en glashytta, ett skeppsvarv, en smedja, ett segelmakeri och många hantverkare som arbetar i små enmansföretag. Produkterna är till salu i hantverkarnas sommarbutik.

Också sjöfästningens gamla centrum, galärdockan på Vargön, har väckts till liv. En förening har hand om dockan och tar varje höst emot en mängd gamla träfartyg som läggs upp för underhåll under vinterhalvåret. Det vårliga skådespelet när slussportarna öppnas och fartygen glider ut i sitt rätta element, havet, brukar samla många åskådare.

Mer än en halv miljon personer besöker Sveaborg årligen. Turistservicen sköts av Samfundet Ehrensvärd i samarbete med förvaltningsnämnden. Varje år arrangerar samfundet rundvandringar med olika teman för hundratals turistgrupper – på femton olika språk. Speciellt populära är programmen för barn, där deltagarna får träffa självaste kung Gustav III med följe som leder sin uppmärksamt lyssnande skara in under de hemlighetsfulla historiska valven.

On the Islands

The Swedish crown commissioned a fortress off the coast of Helsinki in the second half of the 18th century, to defend shipping routes in the Gulf of Finland and also, some believe, to serve as a base for military expeditions against Russia. France, which was then an ally of Sweden, contributed 90 barrels of gold to the project. Construction began in spring 1748 and continued at a furious pace for the next three decades. Thus was built a fortress of Sweden, "Sveaborg" in Swedish, which was rendered as "Viapori" by Finnish speakers.

When Finland was annexed by Russia in the war of 1808-09 and made into a Grand Duchy of the Tsar, it became a Russian fortress. Not till after independence was it renamed Suomenlinna, meaning the Fortress of Finland.

The fortification project was led from the outset by an accomplished child of the Age of Enlightenment, Augustin Ehrensvärd. This officer in the Swedish artillery was widely travelled and in close touch with the schools of art and culture of the age. King Gustav III granted him the title of Count and promoted him to Field Marshall as Ehrensvärd lay on his deathbed.

The fortress' military accomplishments are no cause for congratulation. On 8 May 1808 the last Swedish and Finnish soldiers defending it and its other residents, who were superior in number to the besieging forces, walked over the sea ice to Helsinki. The following day, Russian forces made the return trip and occupied the fortress without a shot being fired. In its only battle, in August 1855 during the Crimean war, the fortress was completely defenceless against bombardment by the Anglo-French fleet and suffered great damage.

On a tablet at the King's Gate is engraved: "From Wilderness have these Vargskärs (Susiluoto) islands become SVEABORG". The bleakness of the original archipelago still shows in the rocks along the shore of Kustaanmiekka and in the barren bushes on the sand embankments behind, but the characteristics of the fortress landscape are man-made. Inside the fortress embankments and walls, natural thickets and bays of the sea are interspersed with planted areas, vegetable gardens and open courts.

The landscape of the islands varies greatly with the weather and seasons but is dominated by two distinct historical strata. The first is the fortress town designed mainly by Augustin Ehrensvärd during the Swedish era. It is characterised by the fortress walls of gray granite and mortar and the beautiful, partly fortified living and service quarters behind them. This period continued after Ehrensvärd's death virtually unchanged until the Crimean War in the Russian period.

After its devastation in the Crimean war, modernization of the fortress began. Mighty new sand embankments and artillery emplacements transformed the rocky shore facing the sea to the west and east. Behind the embankments, large single-storey barracks were constructed to accommodate soldiers. Some excessively tall buildings of the Swedish era had their upper levels demolished.

Ehrensvärd's design for the fortifications was also a brilliant architectonic work of art. The areas between fortifications formed interesting groupings of squares, spaces and park designs. The large Castle Courtyard with a baroque style and a false perspective, on the outskirts of the main buildings, has been regarded as one of the finest squares of its period in Finland. Unfortunately the bombardment during the Crimean War did serious damage to the buildings and fortifications around the square. Subsequent demolition, rebuilding and planting have made its features hard to discern. All that remains is the torso of an architectonic masterpiece. Nearby, built next to the moat, is Piper's Park, one of the earliest designs in Finland for an English-style park.

A large number of the most gifted artists and craftsmen of the time from Sweden worked in Suomenlinna. There were painters, architects, theatrical managers and musicians. Social life was active. The repercussions resounded throughout Finland, where the way of life had previously been backward.

Some of the most significant architects of Stockholm worked as assistants and advisers to Ehrensvärd. Among the foremost of these were Louis Jean Desprez, Elias Martin and Adolf Erik Geete. Ehrensvärd was a gifted artist in his own right, as his works portraying the landscape of Suomenlinna and the archipelago fleet attest. His son, lieutenant general Carl August Ehrensvärd, sketched the personalities and events of the fortress but is remembered above all for his vivid portrayals of contemporary life with its joys and vices.

In the Castle Courtyard, bronze works by Johan Tobias Sergel, the most renowned Swedish sculptor of the age, augment the burial monument to Augustin Ehrensvärd, designed by King Gustav III.

Even the musical life of Helsinki is rooted in Suomenlinna. Music studies, alongside other arts, formed part of the general education of officers in the 18th century. Each military unit on the fortress had its own musicians, while Helsinki lacked even the premises for musical performances. Touring musicians, on their way to perform in Saint Petersburg or Turku, stopped to give concerts at the fortress rather than Helsinki.

Bernhard Henrik Crusell was born in Uusikaupunki and arrived in Suomenlinna at the age of twelve around the end of the 18th century to study in a military band for a few years. He went on to establish a European reputation as a clarinet virtuoso for his career in the Royal Court Orchestra in Stockholm. He has even been hailed subsequently as the father of Finnish music.

Naturally theatre, which was very popular at court in Stockholm, spread to Ehrensvärd's fortress as the pastime of society. Count Johan Adam Cronstedt and his wife are said to have been enthusiastic pioneers of theatre. Towards the end of the Gustavian period, its language gradually changed from French to Swedish, allowing even the upper bourgeoisie of Helsinki to appreciate performances at the fortress. In other respects, too, social life at Suomenlinna followed the manners of the court in Stockholm although Ehrensvärd came in for some criticism that he and his senior officers sometimes appeared at work in rough clothes with their faces unpowdered.

The dockyard at the heart of the fortress offered work to a large band of artisans engaged in shipbuilding. Carpentry, sail and rope-making, decorating and carving were some of the skills required.

In 1805 there were 4600 inhabitants on the fortress islands, making it Finland's second largest "town" in population, after Turku. When Tsar Alexander I made Helsinki the capital of the Grand Duchy of Finland in 1812, development on the mainland began to advance quickly in all spheres of life. Growth of the capital accelerated after the university moved from Turku to Helsinki in 1828. At the same time Suomenlinna lost its position as the regional forerunner of cultural progress.

In the early decades of the Russian period, until 1855 and the Crimean War, Suomenlinna enjoyed a peaceful life as a garrison town. It had its own church, school, artisans and shops. One of its residents was a tradesman named Nikolai Sinebrychoff, who, in 1818, established a brewery that is today the oldest surviving brewery in the Nordic countries. Many important inventions of the age, such as the steamship, photography and telegraphy, were introduced to Finland during the Russian period of the fortress.

After Finnish independence the fortress became a Finnish garrison and was renamed Suomenlinna, meaning the Fortress of Finland. At various times the garrison has had a fleet, coastal artillery and anti-aircraft batteries, and even a submarine base. The start of Finnish independence was not an honourable time for Suomenlinna. During the Civil War it was pressed into service as a prison camp.

Today the islands have a minor military role. Pikku Mustasaari Island is home to a naval academy and its training vessels. Of Suomenlinna's inhabitants numbering about 900, fewer than a third are soldiers or civilian officials of the defence forces and their family members.

The decline in military activity in the 1960s led to an accelerating decline of the fortress. Unused buildings were decaying, the grounds were untended and the old fortress walls and embankments were collapsing. In 1973 a civilian administration took over and the islands were transferred from the defence forces to an autonomous department of the Ministry of Education. A couple of years later a general purpose plan was complete, containing proposals for how Suomenlinna could be put to new use. The uses were to be associated either with the historic and marine environment of the fortress or with culture. Above all, Suomenlinna was to be developed into a vital social unit and city borough with a wide range of services and active inhabitants.

The artistic and handicraft traditions of its earlier times have been continued with distinction. Major figures from Finnish cultural life have worked and are continuing to work on the islands. Its residents include pictorial artists, writers, photographers, filmmakers, theatrical artists, dancers, architects and art handicraft workers.

For several decades already, the Hyvä Omatunto (Good Conscience) fortifications have housed an esteemed summer theatre, performed by visiting theatrical groups. Numerous local and outside professional and amateur groups have appeared in its magnificent vaulted halls for the entertainment of visitors.

The galleries and studios of the Nordic Institute for Art, founded in 1968, were an important step in Suomenlinna's development. The Institute worked to spread information about Nordic art in the Nordic area and beyond. Its gallery in the coastal barracks of Iso Mustasaari Island staged exhibitions of the works of Finnish and Nordic artists, newcomers as well as established names. Susisaari Island has hosted the Free Art School, an important educator of Finnish artists, whose work is now being continued by the Maa Art School.

Music is vigorously represented in modern Suomenlinna. The range of professional musicians living on the islands stretches from classical and jazz to popular and modern music, entertaining the islanders and visitors from the mainland with home concerts and performances at various events.

The Viapori Forum is an active organization of the people of Suomenlinna, uniting their many forms of artistic life. Its jazz events have become esteemed Finnish musical occasions. Suomenlinna's martial band tradition continues on summer evenings with performances from the upper terrace of the church tower by military musicians living on the island.

It is a stimulating environment for children. Its secret tunnels, massive walls with deep window bays, old trees and countless tales of mystery are sure to set the imagination racing. Some have even claimed to have encountered Suomenlinna's most famous ghost, the headless colonel, an officer killed near the Vallisaari Alexander battery during the rebellion of 1906 who now restlessly roams Susisaari Island.

Artisan traditions are continued by many craftsmen from various fields working in studios on Susisaari Island. Pot Viapori has brought together a group of well known ceramic artists in its studio. The island also contains a studio for glass blowers, a workshop for boat builders, a smithy, a sailmakers' workshop and countless individual handicraft entrepreneurs who sell their work in their summer shop.

The galley dock, which was the old heart of the whole fortress, has been reborn. Each autumn the association that maintains the dock area selects a large number of traditional vessels, mostly wooden ships, to be renovated in the dry dock during the winter. In the spring the dock gates are opened and the ships sail back into their own natural element, an event that attracts many inquisitive spectators.

More than half a million visitors come to Suomenlinna annually. Tourist services are provided by the Ehrensvärd Association together with the governing body of the islands. Each year the association arranges guided thematic tours for hundreds of groups of visitors in a full fifteen languages. Particularly popular are the programmes intended for children, where they can meet King Gustav III himself and his courtiers and be introduced to royal secrets of the historical vaults.

Ikonimaalarin koti

Ikonmålarens hem – Home of the icon painter

Bastioni Palmstiernan kyljestä kurkottaa kohti Tykistölahtea kaponieeri Blomcreutz. 1700-luvun puolivälin jälkeen rakennetun linnoituksen holveissa toimi muun muassa komendantinviraston kynttilävarasto. Ylimmässä kerroksessa, lähes meren päällä sijaitsee sata vuotta muuta linnoitusta nuorempi, venäläisellä kaudella rakennettu asunto. Siellä asuu perheineen ikoneita maalaava Ida Lindström. Ida on opiskellut traditionaalista maalaustekniikkaa Roomassa ja restauroinut ikoneja Uuden Valamon luostarissa Itä-Suomessa. Idan työn jäljet näkyvät erityisesti kotona, jonka lattiat, seinät, katot ja kalusteet on koristeltu maalauksin ja ortodoksisin tekstein.

Bastioni Palmstiernan läpi Tykistölahden rannalta yläpihalle johtaa "Poliisitunneli" pimeine ja kapeine portaineen sekä salaperäisine kammioineen. Tunneli on saanut nimensä bastioni Palmstiernassa itsenäisyytemme ensimmäisinä vuosikymmeninä sijainneesta Valtion poliisikoulusta.

Från bastion Palmstiernas sida skjuter kaponjären Blomcreutz ut mot Artilleriviken. Detta försvarsverk byggdes i mitten av 1700-talet och i dess valv fanns bland annat kommendanturens ljusförråd. Högst upp, utskjutande nästan lodrätt ovanför viken, finns en bostad som byggdes hundra år senare, under den ryska tiden. Där bor ikonmålaren Ida Lindström med sin familj. Ida har studerat traditionell måleriteknik i Rom och restaurerat ikoner i klostret Nya Valamo i östra Finland. Hennes arbete avspeglar sig i allra högsta grad i hemmet, där hon har dekorerat golv, väggar, tak och möbler med målningar och ortodoxa texter.

Från Artilleriviken genom bastion Palmstierna till den övre gården leder den så kallade polistunnel med mörka, trånga trappsteg och hemlighetsfulla celler. Tunneln har fått sitt namn efter statens polisskola som fanns i bastionen från och med 1920-talet och in på 1960-talet.

Alongside the Palmstierna Bastion, the Blomcreutz Caponiere stretches out towards Artillery Bay. One of the uses for its vaults, built after the mid-18th century, was to hold the candle stores of the Commander's office. On the highest floor, almost over the sea, is a residence built in the Russian period, a century newer than the rest of the fortress. Here live the icon painter Ida Lindström and her family. Ida studied traditional painting techniques in Rome and has restored icons at the New Valamo monastery in eastern Finland. On the floors, walls, ceilings and furnishings of her home are traces of her work – decorative painting and orthodox texts.

Leading through the Palmstierna Bastion from the shore of Artillery Bay to the upper courtyard is the "Police tunnel" with its dark and narrow gateways and secret chambers. The tunnel was named after the security police school that operated in the bastion during the first few decades after independence.

Paksut muurit rakennettiin kestämään tykkitulta.

Väggarna murades tjocka för att stå emot tung artillerield.

Thick walls were built to withstand bombardment.

30

Kirkko

Kyrkan – The Church

Venäläisellä kaudella 1854 valmistui Isolle Mustasaarelle Aleksanteri Nevskin mukaan nimetty ortodoksinen kirkko. Kirkon viisi korkeuksiin kohoavaa sipulikatteista kupolia hallitsivat maamerkkinä näkymää Viaporin linnoitukseen aina Suomen itsenäisyyden ensimmäisiin vuosikymmeniin saakka. Itämainen aihe valkoisen Suomen pääkaupungin silhuetissa koettiin kuitenkin niin vieraaksi, että puolustusministeriö julisti asian korjaamiseksi suunnittelukilpailun vuonna 1922. Muutama vuosi myöhemmin valmistuneen kirkon huippuun asennettiin lento- ja laivaliikennettä ohjaava majakka. Alkuperäiset kirkon sipulitornien muuratut alaosat koristelistoineen ovat säilyneet uuden tornin sisällä. Kirkko on yksi suosituimmista hääkirkoista Helsingin seudulla. Vilkkaimpina kesäisinä viikonloppupäivinä saattaa kirkossa olla useita vihkitoimituksia päivässä. Kirkosta hääparit vieraineen suuntaavat viettämään häitä johonkin lukuisista Suomenlinnan vanhoihin holvitiloihin kunnostetuista juhlasaleista.

Under den ryska tiden byggdes en ortodox kyrka på Stora Östersvartö. Kyrkan uppkallades efter Alexander Nevskij och invigdes 1854. Med sina fem höga lökkupolförsedda torn var den ett landmärke som dominerade utsikten mot Sveaborg ännu tio år in på Finlands självständighet. Men det ˮösterländskaˮ inslaget i det vita Finlands huvudstads silhuett upplevdes som så främmande att Försvars-ministeriet 1922 utlyste en allmän tävling för landets arkitekter för att rätta till saken. Kyrkan stod klar några år senare och i tornets topp placerades en fyr som vägleder flyg- och sjötrafiken. Inuti det nya tornet finns den murade nedre delen av tornen från den ursprungliga kyrkan med dess dekorationslister bevarade. Sveaborgs kyrka är en av de populäraste vigselkyrkorna i Helsingforstrakten. Under de allra livligaste veckosluten kan där förrättas flera vigslar per dag. Från kyrkan styr brudföljet till någon av de många festsalarna som inretts i de gamla valven för att fira bröllopsfest.

An orthodox church named after Alexander Nevski was erected on Iso Mustasaari Island in 1854 during the Russian period. Its five tall onion-shaped domes dominated the view to the fortress until the first decade after Finnish independence. This oriental feature in the silhouette of the white capital of Finland was regarded as so alien that, in 1922, the Ministry of Defence announced a competition to redesign the church. A beacon to guide aviation and shipping was installed in the spire of the church that was completed a few years later. The original lower parts of the church's onion domes and their decorations have been preserved inside the new tower. The church is one of the most popular sites for weddings in the Helsinki region, and there may be several each day during busy summer weekends. Then the married couple and their guests head off to celebrate the wedding in one of the countless reception halls that have been built inside renovated vaults of Suomenlinna.

Ortodoksisen kirkon sipulikupolien jalustat koristeineen ovat tallella uuden kirkon katon alla.

Under den nya kyrkans tak finns sockeln till den gamla ortodoxa kyrkans lökkupoler bevarad.

The decorated pedestals for the orthodox church's onion domes are preserved under the roof of the new church.

Seppä

Smeden – Bladesmith

Harmaa-punaraidallinen tiilirakennus on kunnostettu käsityöläisten käyttöön. Tiloissa on taiteilijoita palveleva pronssivalimo sekä seppä JT Pälikön paja. Puukkosepäksi 90-luvulla valmistunut JT on itse kouliintunut taitavaksi asesepäksi, jonka osaavissa käsissä kova ja karkea rauta taipuu uskomattoman kauniiksi käyttöesineiksi kuten puukoiksi ja saksiksi tai siroiksi ja koristeellisiksi jäljennöksiksi historiallisten mallien mukaisista aseista, miekoista ja veitsistä koristeellisine tuppeineen, kirveistä sekä keihään- ja nuolenkärjistä. Tavanomaisen taonnan lisäksi JT käyttää ns. damaskustaontaa, jossa hiiliteräs- ja rautaviiluista koottu kerroksellinen pakka taotaan yhteen, venytetään, katkaistaan, uudelleen pinotaan, kierretään ja jälleen taotaan yhteen, kunnes haluttu lujuus on saavutettu.

En randig tegelbyggnad i grått och rött har inretts till hantverkslokaler. Här finns ett bronsgjuteri till hantverkarnas förfogande och en smedja. JT Pälikkö utbildade sig till knivsmed på 1990-talet och har på egen hand övat upp sig till en skicklig vapensmed. I JT:s skickliga händer böjs det hårda och grova järnet till otroligt vackra bruksföremål som slidknivar och saxar – eller till sirliga och dekorativa kopior av historiska föremål: vapen, svärd och knivar med utsmyckade skidor, yxor, spjut- och pilspetsar. Vid sidan av den traditionella smideskonsten använder sig JT av en speciell smidesteknik, damaskering. En bunt kolståls- och järnstycken fogas samman, tänjs ut, viks ihop igen, vrids och bearbetas, ända tills önskad styrka uppnåtts.

The striped gray-and-red brick building has been renovated for use by craftsmen. The premises contain a bronze foundry and a smith's workshop. JT Pälikkö became a bladesmith in the 1990s and is a self-taught expert in creating weapons. He forges tough, crude iron into artefacts of incredible beauty, such as sheath knives and shears; slender, decorated, historically accurate replicas of guns, swords and knives with decorative scabbards; spear and arrow heads; and axes. In addition to conventional forging, JT creates Damascus steel, where a sandwich of carbon steel and iron strips is welded together, drawn, cut, folded, rotated and then forged again until the desired strength is obtained.

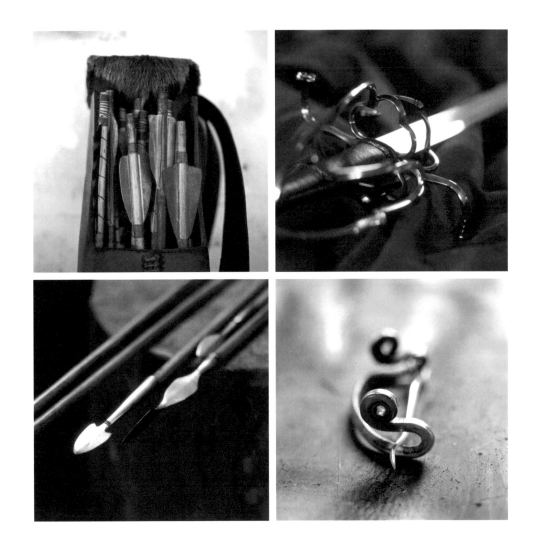

Aseet ja koriste-esineet taotaan historiallisten mallien mukaan.

TE Pälikkö smider vapen och prydnads-föremal mitran historiska förebilder.

Replica weapons and ornaments are forged in the old way.

Sukellusvene

Ubåten – The Submarine

Sukellusvene Vesikko valmistui vuonna 1933 Turussa Crichton-Vulcanin telakalla yhtenä Suomen viidestä sukellusveneestä. Toisessa maailmansodassa Suomenlinnan telakalla sijaitsi sukellusveneiden ja panssarilaivojen tukikohta. Pariisin rauhansopimus vuonna 1947 kielsi Suomelta sukellusveneet, jolloin ne romutettiin Vesikkoa lukuun ottamatta. Nykyisin museona toimiva vene hämmästyttää kävijää: kuinka näin ahtaissa tiloissa parinkymmenen hengen miehistö pystyi työskentelemään pitkiä aikoja lähes sadan metrin syvyydessä.

Vesikko som sjösattes vid Crichton-Vulcan-varvet i Åbo 1933 var en av de fem ubåtarna som utgjorde Finlands ubåtsflotta. Under andra världskriget var den finska ubåts- och pansarskeppsbasen stationerad på Sveaborg. Men vid freden i Paris 1947 förbjöds Finland att inneha ubåtar, och alla förutom Vesikko skrotades. I dag är Vesikko museum. Den som stiger ner i ubåten kan inte annat än förundras: Hur kunde besättningen på tjugo man arbeta långa tider i den trånga farkosten på nästan hundra meters djup?

The Vesikko submarine was launched from the Crichton-Vulcan shipyard in Turku in 1933, one of Finland's five submarines. During the Second World War Suomenlinna dock served as a base for submarines and battleships. The Treaty of Paris in 1947 prohibited Finland from operating submarines and all but one were scrapped. Today the Vesikko serves as a museum, whose visitors find it hard to believe that a crew of some twenty men could work for extended periods in such cramped quarters at a depth of about 100 metres.

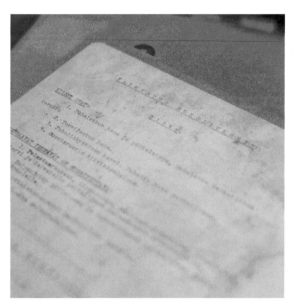

Sukellusveneen sisätiloissa ei ollut tilaa ylellisyydelle ja turhille mukavuuksille.

Ubåtens innandöme fanns inte rum för lyx eller onödiga bekvämligheter.

The interior of the submarine left no room for luxury or superfluous comfort.

Pot Viapori

Kuusi naista perusti 1970-luvun alussa Susisaarelle entiseen varastohalliin keramiikkokollektiivin Pot Viaporin yhteisine poltto-uuneineen ja laitteineen. Taiteilijakunta on vuosikymmenien saatossa vaihtunut useita kertoja, mutta uudet tekijät jatkavat edelleen samassa tilassa saven muovaamista. Tulijoiden nuorimmasta päästä on keraamikko Johanna Ojanen. Johanna käyttää töissään läpivärjättyjä massoja, jotka hän värjää itse. Johannan työt painottuvat käyttökeramiikkaan ja koruihin ja liikkuvat usein taiteen ja esinemaailman välimaastossa.

I början av 1970-talet startade sex kvinnor keramikkollektivet Pot Viapori med gemensamma brännugnar och annan arbetsutrust-ning i en gammal lagerbyggnad på Vargön. Konstnärerna har kommit och gått under årens lopp, men leran formas fortfarande i samma lokaler. En av nykomlingarna bland keramikerna i Pot Viapori är Johanna Ojanen. Johannas råmaterial är lera som hon färgar och formar till unika bruksföremål och smycken.

A ceramics collective, Pot Viapori, was established by six women at the start of the 1970s with shared kilns and equipment in a former storage hall on Susisaari Island. Over the decades the composition of the group has changed several times but the new artists continue to work clay in the same premises. One of the latest newcomers is Johanna Ojanen. She uses clay that is stained throughout and does the staining herself. Her works tend towards practical ceramics and ornaments, often on the border between the aesthetic and the functional.

Savisia koelaattoja polttamalla varmistetaan oikeat värit ja pintamateriaalit.

För att få fram rätt färg och ytstruktur bränner keramikern provplattor i lera.

The right colours and finish are assured by test-firing clay tiles.

Pot Viaporin tiloissa on esillä myös Soile Paasosen, Tiia Matikaisen, Katja Kotikosken, Johanna Ojasen, Kika Winterin, Liisa Ikävalkon ja Riitta Mattilan töitä.

Arbeten av Soile Paasonen, Tiia Matikainen, Katja Kotikoski, Johanna Ojanen, Kika Winter, Liisa Ikävalko och Riitta Mattila i keramikverkstaden Pot Viapori.

Works by Soile Paasonen, Tiia Matikainen, Katja Kotikoski, Johanna Ojanen, Kika Winter, Liisa Ikävalko and Riitta Mattila are also on display at Pot Viapori.

Paikallismajurintalo

Platsmajorens hus – Local Major's House

Susisaaren suuri linnanpiha ympäröivine rakennuksineen oli Viaporin hallinnollinen keskus ja eittämättä myös Viaporin arkkitehtoninen kohokohta. Linnapihalle saavuttiin idästä kahden puoliympyrän muotoon sommitellun rakennuksen paikallismajurin talon ja päävartion välistä. Aukion länsiseinänä oli kaksikerroksinen komendantin talo ja sen takana kohosi Viaporin maamerkkinä korkea kenraalin talo. Linnanpihan sivuissa vinosti sijaitsevat bastionit Ekeblad ja Höpken synnyttävät valeperspektiivin ansiosta vaikutelman todellista suuremmasta toritilasta.

Päävartio, bastioni Ekeblad, kenraalin talo ja puolet komendantin talosta purettiin Krimin sodan pommitusten seurauksena. Paikallismajurin talo, joka muodosti toisen puolen linnanpihan puoliympyrän muotoisesta takaseinämästä, on säilynyt ja kunnostettiin 1980-luvulla. Restauroitaessa tuotiin esille rakennuksen sydämessä sijainneet lämmitysuunit sekä palautettiin huoneiden väliset kaarevan ulkoseinän vieressä olleet oviaukot, jotka aikaansaivat ainutlaatuisen huoneesta toiseen jatkuvan tilasarjan.

Stora borggården på Vargön med omgivande byggnader var Sveaborgs administrativa centrum och utan tvivel också sjöfästningens arkitektoniska pärla. Till borggården kom man från öster mellan två halvrunda byggnader som tillsammans bildade en halvcirkel, platsmajorens hus och högvakten. Mot väster fanns kommendantshuset i två våningar och bakom det reste sig det höga generalshuset. Sveaborgs landmärke. Bastionerna Ekeblad och Höpken längs borggårdens sidor smalnade av mot kommendantshuset, vilket skapade ett skenperspektiv som fick borggården att förefalla betydligt större än den var.

Högvakten, bastion Ekeblad, generalshuset och halva kommendantshuset revs på grund av skadorna de ådragit sig i bombardemanget under Krimkriget. Platsmajorens hus, som bildade den ena halvan av Stora borggårdens halvcirkelformade fond, har bevarats och restaurerades på 1980-talet. Vid restaureringen tog man fram eldstäderna i byggnadens mitt. Också dörröppningarna invid den svängda ytterväggen återställdes i ursprungligt skick. Väggens form gör att rummen bildar en unik helhet, en fortlöpande serie av rum på rum.

The Castle Courtyard of Susisaari Island and its surrounding buildings were the administrative centre of the fortress and were also undoubtedly its architectonic culmination. The courtyard was reached from the east between two buildings that formed a semicircle, the Local Major's House and the Chief Watch. On the western flank of the courtyard was the two-storey Commander's House and behind it the tall General's House, a landmark of the old fortress. The oblique Ekeblad and Höpken Bastions that formed the side walls of the courtyard gave a false perspective and created the illusion that the area was greater than it was.

The Chief Watch, the Ekeblad Bastion, the General's House and half of the Commander's House were demolished after the bombardment of the Crimean War. The Local Major's House, which formed one half of the semicircular rear wall of the Courtyard, still exists and was restored in the 1980s. The restorers uncovered the heating stoves in the heart of the building and recreated the doorways between rooms alongside the curving outer wall, creating a unique space continuing from room to room.

Kaarevassa paikallismajurin talossa sijaitsee Cecilia Gelinin koti.

En av lägenheterna i platsmajorens hus har inretts av Cecilia Gelin.

In the curving Local Major's House is the home of Cecilia Gelin.

Puusepän perhe

Snickaren och hans familj – The Carpenter's family

Isolla Mustasaarella sijaitseva linnoituksen sotilaslennättimen asunto- ja kansliarakennus kuuluu Viaporin nuorempaan rakennuskantaan. Se valmistui venäläisen kauden lopussa vuonna 1910 ja edustaa tyylillisesti eräänlaista jälki-jugendia. Rakennus muutettiin vuonna 1995 asuintaloksi.

Rakennuksen toisen kerroksen korkeahuoneisessa asunnossa asuu viisilapsinen Veli-Matti Pennasen perhe. Asunto on sisustukseltaan omaperäinen ja persoonallinen. Veli-Matti on omin taitavin käsin rakentanut kotiinsa parvia portaineen ja koristeellisine kaiteineen, maalannut venetsialaisen mallin mukaan maalauksen lasioveen ja kunnostanut vanhoja antiikkihuonekaluja, joista useat ovat lähtöisin Virosta. Luonnollisesti läsnä on myös merellinen Suomenlinna laivamalleineen, pylpyröineen ja plokeineen, venttiili-ikkunoineen ja laivalamppuineen. Koti on täynnä yllätyksiä ja tarinoita, oikea satujen aarreaitta lapsille.

Telegrafistens bostads- och kontorshus på Stora Östersvartö hör till det nyare byggnadsbeståndet på Sveaborg. Det byggdes 1910 i slutet av den ryska tiden och representerar stilmässigt ett slags senjugend. År 1995 renoverades det till bostadshus.

I husets andra våning bor Veli-Matti Pennanens fembarnsfamilj i en lägenhet med höga rum. Bostaden är originellt och personligt inredd. Veli-Matti har byggt loft med trappor och utsmyckade räcken, målat en glasdörr efter venetiansk förebild och restaurerat antika möbler, de flesta inköpta i Estland. Det havsnära Sveaborg är närvarande i form av fartygsmodeller, block, ventilfönster och lanternor. Hemmet är fullt av överraskningar och berättelser, en riktig skattkammare för barnen.

The residence and office of the military telegrapher, in the fortress on Iso Mustasaari Island, is one of the more recent buildings of Suomenlinna. It was completed in 1910 at the end of the Russian period, in a style that could be called post-Art Nouveau. It was converted into a dwelling in 1995. In the tall rooms on its second floor live Veli-Matti Pennanen and family, including five children. The furnishings are individual and distinctive.

With his own craftsman's hands Veli-Matti has built a loft with stairs and decorative banisters, painted a painting on the glass of the door in the Venetian style, and restored the antique furniture, much of which originates from Estonia. Also in evidence, of course, are Suomenlinna and the sea, with model ships, blocks and tackle, porthole windows and ships' lanterns. It is a home full of tales and surprises, a real treasure trove for children.

Telakka

Galärdockan – The Docks

Telakka-allas oli saaristolaivaston tukikohtana toimivan Viaporin linnoituksen sydän. Sinne koottiin syksyisin talviteloille kunnostettavat laivat ja siellä rakennettiin Viaporin saaristolaivaston uudet kaleerialukset. Laivatyypit nimettiin Suomen maakuntien mukaan: Turunmaa, Uusimaa, Hämeenmaa ja Pohjanmaa. Ensimmäisenä altaasta laskettiin vesille vuonna 1764 Hämeenmaatyypin Oden. Yli kaksisataa vuotta Odenin jälkeen vuonna 1973 laskettiin viimeisenä uudisrakennusaluksena vesille asuntoalus nimeltään Severnaja, joka matkasi Siperiaan jokilaivaksi. Nykyisin telakka ylläpitää ja kunnostaa vanhoja, enimmäkseen puisia perinnepurjealuksia.

Sveaborgs sjöfästning fungerade förr som bas för skärgårdsflottan och galärdockan var dess centrum. Här lade man på hösten upp fartyg som skulle rustas upp under vinterhalvåret, och här byggdes nya fartyg för skärgårdsflottan. Fartygstyperna uppkallades efter finska landskap: Hemmema (Tavastland), Turuma (Åboland), Udema (Nyland) och Pojama (Österbotten). Det första fartyget som byggdes på Sveaborg var skärgårdsfregatten Hemmema Oden, som sjösattes 1764, och det sista var husbåten Severnaja som sjösattes två hundra år senare, i januari 1974, för att gå till Sibirien och där bli flodbåt. I dag underhålls gamla segelskutor i galärdockan.

As the base for the archipelago fleet, the dry dock was the heart of the fortress. It was there that new galleys of the fleet were built and each autumn it also filled with vessels to be repaired. The galley classes were named after provinces of Finland: Turunmaa, Uusimaa, Hämeenmaa and Pohjanmaa. The first to be launched from the dock in 1764 was a Hämeenmaa-class ship, the Oden. More than 200 years later, in 1973, came the launch of the last newbuilding, a passenger vessel named the Severnaya, destined for Siberia as a river boat. Today the dock maintains and renovates old traditional sailing vessels, mostly built of wood.

Tomi Grönholm viimeistelee telakalla olevaa perinnelaivaa vesillelaskuun.

Tomi Grönholm lägger sista handen vid skutan inför sjösättningen.

In the dock, Tomi Grönholm gets a traditional ship ready for launching.

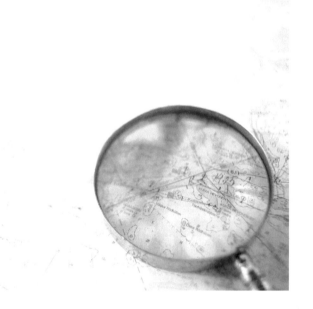

Vanhat puualukset lipuvat talvitelakoinnin jälkeen takaisin merelle.

De gamla segelskutorna glider ut till havs igen efter vinterförvaringen i docka.

After wintering in dock the old wooden vessels sail back out to sea.

Bastioni Carpelan

Bastion Carpelan – Carpelan Bastion

Suomenlinnan hoitokunta on kunnostanut bastioni Carpelaniin, entiseen upseerikasarmiin taiteilija-asuntoja työhuoneineen. Paikka on eräs Suomenlinnan komeimmista asuntopaikoista: ikkunoista on näkymä suoraan alapuolella olevalle Kuninkaanportille, seremonialliselle pääportille, joka on toinen hovi-intendentti Carl Hårlemanin suunnittelemista Viaporin porttirakennuksista.

Viereinen kapea Kustaanmiekan salmi on tärkein meriväylä Helsingin sydämeen. Salmen rantakallioilla on nähtävissä jyhkeitä rautarenkaita, joihin kiinnitettyjen ketjujen avulla suljettiin tarvittaessa vihollisen pääsy suojaiselle Kruunuvuorenselän ankkuripaikalle. Nykyään ketjut yhdessä vanhojen tykinputkien kanssa muodostavat Suomenlinnan kirkkoa ympäröivän aidan.

I den före detta officerskasernen bastion Carpelan har förvaltningsnämnden för Sveaborg låtit bygga konstnärsbostäder med ateljéer. Bastion Carpelan är en av de mest storslagna boplatserna på Sveaborg. Från fönstren har man fri utsikt mot Kungsporten, sjöfästningens majestätiska huvudport ritad av arkitekten och överintendenten Carl Hårleman.

Det smala Gustavssvärdssundet där utanför är huvudfarleden in till Helsingfors centrum. På strandklipporna längs sundet finns massiva järnringar. Med hjälp av kedjor fastsatta i ringarna kunde fienden hindras att segla in i den skyddade Kronbergsfjärden för att kasta ankar. I dag utgör kedjorna tillsammans med gamla kanonrör staketet kring Sveaborgs kyrka.

In the Carpelan Bastion, the governing body of Suomenlinna has renovated rooms in the former officers' garrison to create apartments and studios for artists. It is one of the finest places to live on Suomenlinna; from the windows there is a direct view to the King's Gate below, the ceremonial entrance to the fortress, which is the second of the Suomenlinna gatehouses designed by court intendent Carl Hårleman.

The neighbouring straight of Kustaanmiekka that passes the Bastion is an important sea lane into the heart of Helsinki. On the rocks of its shore are massive iron rings, through which chains could be threaded to bar the enemy from sheltered anchorage in open waters to the east of Helsinki. Today the chains supported by old gun barrels form a fence around the church of Suomenlinna.

Graafikko Outi Mansikkamäen ja hänen kahden poikansa koti on entisessä upseerikasarmissa.

I den före detta officerskasernen bor nu grafikern Outi Mansikkamäki med sina söner.

Graphic artist Outi Mansikkamäki and her two sons have their home in the former officers' barracks.

Ruostuneet tykinkuulat ovat muistoina linnoituksen historiasta. Niitä löytyy edelleen rannalta.

Gamla kanonkulor kan ännu idag hittas på stränderna.

Rusty cannon balls, recalling the history of the fortress, are still found on its shores.

Lelumuseo

Leksaksmuseet – Toy museum

Ison Mustasaaren itäisellä rannalla, puolustusmuurin vieressä on jäljellä kolme yksityistä venäläisellä kaudella rakennettua puista asuintaloa. Keskimmäisen, kapteeni Vasiljevin vuonna 1911 rakennuttaman huvilan pohjakerroksessa sijaitsee Suomenlinnan lelumuseo, Museon perusti Piippa Tandefelt vuonna 1985. Museota hoitaa nykyisin Piipan tytär Petra, jolle 1960-luvun puolivälissä ostetuista ensimmäisistä käytetyistä leluista museo on itse asiassa saanut alkunsa. Museon kokoelmissa on tuhansia leluja: nukkeja, pikkuautoja, vetureita, teddykarhuja ja lukemattomia muita antiikkileluja. Sota-ajan lautapelit ja lelut 1940-luvulta ovat yksi museon erikoisuuksista. Vanhimmat leluista ovat 1800-luvun alusta. Isovanhemmat voivat museon nostalgisten aarteiden äärellä herätellä lapsuusmuistojaan ja siirtää leikkiperinnettään seuraaville sukupolville.

På Stora Östersvartös östra strand bredvid försvarsmuren står tre privata boningshus av trä byggda under den ryska tiden. I det mittersta, en villa som en kapten vid namn Vasiljev lät bygga 1911, finns Sveaborgs leksaksmuseum, som grundades av Piippa Tandefelt 1985. Numera sköts museet och kaféet av Piippas dotter Petra. Museet fick sin början tack vare Petras första begagnade leksaker inhandlade i mitten av 60-talet. I museets samlingar finns tusentals antika leksaker: dockor, dockskåp, leksaksbilar, tåg, teddybjörnar och mycket mer. En av museets specialiteter är krigstida brädspel och leksaker från 1940-talet. De äldsta leksakerna härstammar från början av 1800-talet. Inför museets skatter kan mor- och farföräldrar väcka barndomsminnen till liv och föra vidare lektraditioner till barnbarnen.

On the eastern shore of Iso Mustasaari Island, alongside the defending wall, are three private wooden residences remaining from the Russian period. On the ground floor of the middle house, a villa built by a Captain Vasilyev in 1911, is the Suomenlinna Toy Museum. It was established by Piippa Tandefelt in 1985. The museum is now run by the founder's daughter, Petra. In fact it had its origins in the first used toys bought for her in the mid-1960s. The collections contain thousands of antique toys: dolls, dolls' houses, miniature cars, trains, teddy bears and countless others. A speciality of the museum is wartime board games and toys from the 1940s. The oldest toys are from the start of the nineteenth century. Faced with nostalgic treasures of the museum, grandparents rediscover their childhood memories and can pass on the tradition of play to the next generation.

Museon kokoelmissa on tuhansia vanhoja leluja ja nukkeja.

I museets samlingar finns tusentals gamla leksaker och dockor.

The museum's collection contains thousands of old toys and dolls.

Petra Tandefelt tarjoaa museonsa kahvilassa komentaja Kovankon omenatorttuja.

Petra Tandefelt bjuder på kommendör Kovankos äppelkaka i museets kafé.

Petra Tandefelt offers Commander Kovanko apple pie in her museum's cafe.

Bastioni Hårleman

Bastion Hårleman – Bastion Hårleman

Bastioni Hårleman, osana Susisaaren uloínta linnoitusketjua oli ensimmäisiä Viaporiin valmistuneita linnoituksia. Hårlemanin ja bastioni Kunnian välille rakennettiin komea porttirakennus, jonka oletetaan olleen itsensä tukholmalaisen hovi-intendentti Carl Hårlemanin suunnittelema. Purettu porttirakennus johti Kustaanmiekalta Piperin puiston vieritse itse Susisaaren päälinnoitukseen, jossa sijaitsi suuri linnanpiha ympärillä olevine linnoituksen keskeisine hallintorakennuksineen. Piperin puisto oli Suomen ensimmäisiä englantilaistyyppisiä puistoja lemmenlampineen, kukkuloineen ja paviljonkeineen. Se oli upseeriperheiden suosittu huviretkikohde. Bastioni Hårlemanin kasematteihin on nykyisin kunnostettu tiloja käsityöläisille ja taiteilijoille.

Bastion Hårleman är en del av Vargöns yttre försvarslinje och ett av de äldsta försvarsverken på Sveaborg. Mellan bastionerna Hårleman och Ähra uppfördes en ståtlig portbyggnad som antas ha ritats av tidens ledande arkitekt i Sverige, överintendenten för den statliga byggnadsverksamheten Carl Hårleman. Portbyggnaden, som sedermera revs, förenade Gustavssvärd längs Pipers park med Vargöns huvudfästning och Stora borggården omgiven av fästningens viktigaste administrativa byggnader. Pipers park var en av de första parkanläggningarna i Finland i engelsk stil med en romantisk damm, kullar och ett lusthus. Parken var ett omtyckt utflyktsmål för officersfamiljerna.

Part of the outermost chain of fortifications on Susisaari Island, the Hårleman Bastion was one of the first parts of the fortress to be completed. Between it and the Bastion of Honour, a fine gatehouse was built, believed to have been designed by the court intendent of Stockholm himself, Carl Hårleman. The gatehouse, which has been demolished, led from Kustaanmiekka past Piper's Park to the main fortress of Susisaari Island, the site of the Castle Courtyard surrounded by the main administrative buildings of the fortress. Piper's Park was one of Finland's first English-style parks, with its decorative pond, flower beds and pavilion. For the families of officers, it was a favourite destination for outings. Today there are premises for artisans and artists in the renovated casemates of the Hårleman Bastion.

Kiväärien ampuma-aukot on muutettu pieniksi kurkistusikkunoiksi.

Skottgluggarna för gevär har omvandlats till små tittgluggar.

Artillery embrasures have been converted into spyhole windows.

Bastioni Harlemanin kasemateissa on myös valokuvaajan työhuone.

I bastion Harlemans kasematter har bland andra en fotograf sitt arbetsrum.

In the casemates of the Harleman Bastion there is now also a photographer's studio.

109

Puutarhat

Trädgårdar – Gardens

Komendantin puutarhaa Susisaarella, Linnanpihasta länteen, pidetään Viaporin vanhimpana hyötypuutarhana. Se on ollut käytössä jo 1700-luvulla. Tarun mukaan itse Augustin Ehrensvärd olisi istuttanut puutarhan nurkassa kasvavan komean tammen. Oli miten oli, ainakin se on jo ollut olemassa Ehrensvärdin aikana. Kuten kaikki suomalaiset, myös suomenlinnalaiset harrastavat puutarhan hoitoa pienillä palstoillaan. Niillä viljellään lähes kaikkea mahdollista: kukkia, yrttejä, juureksia ja muita vihanneksia sekä marjapensaita. Aivan samalla lailla kuin yli kaksisataa vuotta sitten.

Kommendantens trädgård på Vargön väster om Stora borggården anses vara Sveaborgs äldsta nyttoträdgård. Den var uppodlad redan på 1700-talet. Det berättas att Ehrensvärd själv planterade den ståtliga eken som växer i ett hörn av trädgården – i alla händelser fanns eken där redan under Ehrensvärds tid. I likhet med många andra finländare idkar Sveaborgsborna trädgårdsskötsel på sina små jordplättar. De odlar det mesta man kan tänka sig: blommor, örter, rotfrukter och grönsaker, bärbuskar ... Precis som för två hundra år sedan.

The commander's garden on Susisaari Island, to the west of the Great Courtyard, is regarded as the oldest vegetable garden of the fortress and has been in use since the 18th century. According to legend Augustin Ehrensvärd himself planted the beautiful oak that grows in its corner. Be that as it may, it was certainly in existence during Ehrensvärd's time. Like everyone else in Finland the people of Suomenlinna like to cultivate gardens on small plots of land. They grow almost everything possible – flowers, herbs, root and green vegetables, berry bushes – just as they did more than 200 years ago.

Kauppiastalo

Köpmanshuset – Merchant's House

Sotilasrakennusten, harjoituskenttien ja istutettujen puistoalueiden välille jäi Viaporissa myös "tyhjiä" alueita. Niille saivat sotilaat, kauppiaat ja käsityöläiset rakentaa linnoituksen komendantin luvalla perheilleen asuntoja. Ehtona oli, että sodan tai muun yleisen tarpeen vaatiessa rakennukset oli joko poltettava tai siirrettävä muualle. Nykyisen kirkon alta hävitettiinkin kymmenien talojen "hökkelikylä" 1800-luvun puolivälissä. Tästä asuinrakennusten kerrostumasta on jäljellä eri puolilla Suomenlinnaa enää kymmenkunta rakennusta. Ehjimpänä kokonaisuutena on säilynyt kauppiaskorttelin talorivistö venäläiselle rakentamistavalle tyypillisine tielle päin suunnattuine päätyjulkisivuineen ja terasseineen. Rivistön nuorin rakennus sijaitsee muihin nähden poikittain. Sen rakensi kenttäkauppias Nikolai Galotskin kaupparakennukseksi ja asunnoksi palaneen talon tilalle vuonna 1909. Rakennus kunnostettiin 1970-luvun alussa, jolloin siihen muutti Mysi ja Reijo Lahtinen perheineen.

Mellan militärbyggnaderna, exercisplatserna och parkanläggningarna blev det också över en hel del oanvänd mark på Sveaborg. Där fick soldater, handelsmän och hantverkare bygga hus åt sina familjer med tillstånd av fästningens kommendant – på villkor att husen antingen brändes eller flyttades bort om det blev nödvändigt på grund av krig eller annat allmänt intresse. En kåkstad bestående av tiotals hus revs i mitten på 1800-talet för att ge plats för Sveaborgs kyrka.

Av detta byggnadsskikt finns endast ett tiotal spridda byggnader bevarade på Sveaborg. Den mest intakta helheten är en rad ryska trähus i köpmanskvarteret. Husen står vända med den terrassförsedda gaveln mot gatan, ett typiskt kännetecken för den ryska byggnadsstilen. Det nyaste av husen är tvärställt i förhållande till de övriga. Det byggdes av handelsmannen Nikolaj Galotskij 1909 som butikslokal och boningshus i stället för en byggnad som brunnit ner. Huset renoverades i början av 1970-talet, då Mysi och Reijo Lahtinen med familj flyttade in.

Between the military buildings, training fields and parks on Suomenlinna there were also empty plots. Soldiers, merchants and artisans were allowed to build houses for their families there, with the permission of the fortress commander, on condition that, if war or other general reasons required it, the buildings would be either burned or moved elsewhere. A "shanty town" of dozens of houses was demolished in the mid-19th century to make way for the present church. Of this collection of homes only about ten buildings remain, scattered around Suomenlinna. The best and most completely preserved are in a row in the merchant's quarter, built with their gable ends and terraces facing the road, as is typical of Russian building designs. The most recent building is positioned at right angles to the others. It was built in 1909 by a field merchant, Nikolai Galotskin, as a shop building and residence, replacing another house that had burnt down. The building was renovated at the start of the 1970s and occupied by Mysi and Reijo Lahtinen, and their family.

Ehrensvärd-museo

Ehrensvärdmuseet – The Ehrensvärd Museum

Susisaaren linnanpiha koki ehkä dramaattisimmin Krimin-sodan hävityksen Viaporissa vuonna 1855. Aukion yläreunaa hallinnut vuonna 1753 valmistunut linnoituksen komendantin esikunta ja asunto vaurioituivat pahasti. Symmetrisen rakennuksen eteläinen puoli jouduttiin purkamaan kokonaan ja vain pohjoinen puoli kunnostettiin. Rakennuksessa sijaitsee nykyisin Ehrensvärd-museo. Osa museosta esittelee 1700-luvun asuntoa. Asunnon sisustus ei ole alkuperäinen, mutta antaa hyvän kuvan korkean upseerin, myös Augustin Ehrensvärdin kodista. Museon kävijöitä kiinnostavat myös Viaporin saaristolaivaston kaleerilaivojen Turunmaan, Uusimaan. Hämeenmaan ja Pohjanmaan pienoismallit. Komendantin talon takana sijaitsi Kenraalintalo. Yhdessä alun perin Susisaarella sijainneen Thunbergin tuulimyllyn kanssa se hallitsi maamerkkinä Viaporin silhuettia aina Krimin sotaan saakka. Kenraalintalosta on jäljellä vain yksi huone Ehrensvärd-museossa.

Krimkrigets härjningar av Sveaborg 1855 hade de kanske mest dramatiska följderna för Stora borggården på Vargön. Kommendantshuset från 1753 led allvarliga skador. I denna byggnad, som dominerade övre delen av borggården, fanns fästningskommendantens stab och bostad. Endast den norra delen av den symmetriska byggnaden iståndsattes efteråt, medan den södra delen revs. I kommendantshuset finns numera Ehrensvärdmuseet, som bland annat presenterar en 1700-talsbostad. Bostadens inredning är inte den ursprungliga men den ger ändå en god bild av en högt uppsatt officers, exempelvis Ehrensvärds, hem. Museibesökarna kan även bekanta sig med miniatyrmodeller av fartygstyperna i Sveaborgs skärgårdsflotta, Turuma, Udema, Hemmema och Pojama.

Bakom kommendantshuset låg förut det så kallade generalshuset. Tillsammans med väderkvarnen, ritad av Daniel af Thunberg och ursprungligen placerad på Vargön, dominerade det Sveaborgs silhuett fram till Krimkriget. Av generalshuset återstår endast ett rum i Ehrensvärdmuseet.

The Castle Courtyard on Susisaari Island experienced perhaps the most dramatic destruction on Suomenlinna in 1855 during the Crimean War. There was serious damage to the General Staff, built in 1753, and to the Commander's House, which had dominated the upper side of the courtyard. The southern side of the symmetrical building had to be demolished completely and only the north side was repaired. It is in this building that the modern Ehrensvärd Museum is located today. Part of it displays a residence of the 18th century. The furnishings are not original but give a good picture of the home of a high-ranking officer like Augustin Ehrensvärd. Visitors can also see miniatures of Turunmaa, Uusimaa, Hämeenmaa and Pohjanmaa-class galleys in the fortress' archipelago fleet.

Behind the Commander's House was the General's House. Together with Thunberg's windmill that formerly stood on Susisaari Island, it was a landmark that dominated the silhouette of the fortress until the Crimean War. Only one room from the General's House remains in the Ehrensvärd Museum.

FÄLTMARSKALKEN
GREF. EHRENSVÄRD.

Ehrensvärd-seuralla on runsaasti lapsille suunnattuja ohjelmia.

Samfundet Ehrensvärd anordnar många aktiviteter för barn.

The Ehrensvärd Society provides a multitude of programmes for children.

Kaakeliuunit yleistyivät Viaporin upseerien välityksellä maaseudun herraskartanoihin.

Kakelugnen spreds till herrgårdarna på landsbygden av officerare som tjänstgjort på Sveaborg.

Glazed stoves spread from the homes of Suomenlinna officers to manor houses of the rural gentry.

132

Ehrensvärdin makuuhuoneen ikkuna oli samalla ampuma-aukko tykkeineen.

Ehrensvärds sovrumsfönster fungerade även som skottglugg för en kanon.

The window of Ehrensvärd's bedroom doubled as an embrasure with a cannon.

Tekstiilitaiteilija

Textilkonstnären – Textile artist

Bastioni Hårlemanin käsityöläis-taiteilijayhteisössä työskentelee tekstiilisuunnittelija Lilli Unkari. Suomenlinnassa asuvan Lillin ateljeetyöhuoneena oleva paksuseinäinen holvattu tila toimi Ruotsin vallan aikana linnoitettuna miehistösuojana ja myöhemmin Venäjän vallan aikana hevostallina. Lilli Unkarin työskaala tekstiilin parissa on laaja. Hän sekä suunnittelee että valmistaa vaatteet itse painamistaan ja värjäämistään kankaista. Muiden Suomenlinnassa työskentelevien taidekäsityöläisten tapaan myös Lillin töitä on myynnissä Susisaarella sijaitsevassa käsityöläisten myymälässä.

I bastion Hårlemans kasematter har det inretts verkstäder för hantverkare och konstnärer. En av dem är mode- och textildesignern Lilli Unkari som också bor på Sveaborg. Hennes ateljé med dess valv och tjocka väggar var ett befäst skyddsrum för soldaterna under svenska tiden och ett stall under ryska tiden. Lilli Unkari arbetar mångsidigt med tyger. Hon formger och syr kläder av tyger som hon själv har tryckt och färgat. I likhet med de övriga konsthantverkarna som arbetar på Sveaborg säljer Lilli sina produkter i hantverkarnas affär på Vargön.

One member of the band of artists and artisans working in the Hårleman Bastion is Lilli Unkari, a textile designer. This resident of Suomenlinna has a vaulted studio behind thick walls that served as a fortified shelter under Swedish rule and later as a stable during the period of Russian rule. Lilli Unkari's work with textiles covers a broad scale. She both designs and makes clothing from fabric she has printed and dyed herself. Like other art handicraft workers on Suomenlinna, Lilli also sells her work in the arts and crafts shop on Susisaari Island.

Lilli Unkari käyttää silkkipainomenetelmää kankaidensa kuvioinnissa.

Lilli Unkari trycker egna mönster med silk screen-teknik.

Lilli Unkari uses silk printing to pattern her textiles.

Merisotakoulu

Sjökrigsskolan – Naval Academy

Pikku Mustasaarella aloitti jo Augustin Ehrensvärdin aikana vuonna 1756 yli 250 vuotta sitten meripoikakoulu, joka pari vuosikymmentä myöhemmin muuttui vakinaiseksi meriupseerikouluksi. Merisotakoulu onkin ainoa Viaporin alkuperäisen sotilasperinteen jatkaja nykyisessä Suomenlinnassa. Siellä koulutetaan kaikki sekä laivastoon että rannikkopuolustukseen tulevat upseerit. Vuosittain merisotakoulusta valmistuu parisataa upseerioppilasta reserviin ja kadettia vakinaiseen palvelukseen. Merisotakoulun rakennusryhmään kuuluva vuonna 1753 valmistunut, alun perin yksikerroksinen linnoitusväen vartiotupa on Helsingin vanhin kivitalo.

Redan under Augustin Ehrensvärds tid 1756 grundades en skola för skeppsgossar på Lilla Östersvartö. Ett par årtionden senare blev den en permanent sjöofficersskola. På dagens Sveaborg är det bara Sjökrigsskolan som för vidare öarnas militära traditioner. Där utbildas samtliga officerare för flottan och kustförsvaret. Årligen utbildas ett par hundra kadetter för fast anställning och officerselever för reserven. Till Sjökrigsskolans byggnadsbestånd hör Helsingfors äldsta stenhus som är byggt 1753. Byggnaden var ursprungligen en våning hög och fungerade som vaktstuga.

A school for the training of naval cadets was established back in the time of Augustin Ehrensvärd on Pikku Mustasaari Island in 1756. A couple of decades later it became a permanent academy for naval officer training. Indeed, the Naval Academy is the only institution on modern Suomenlinna that is rooted in the original military traditions of the fortress. All officers of the navy and coastal defence forces are trained there. Each year about 200 reserve officers and regular army cadets graduate from the Academy. One of the naval academy buildings, originally a one-storey guard house built in 1753, is the oldest stone house in Helsinki.

Merisotakoulusta valmistuu vuosittain parisataa upseeria merivoimien eri tehtäviin ja reserviin.

Sjökrigsskolan utexaminerar årligen ett par hundra officerare för olika uppgifter inom marinen och för reserven.

Some 200 reserve and naval officers graduate each year from the Naval Academy.

147

Perinnehuoneessa on muistoja laivaston ja merisotakoulun pitkästä historiasta.

I traditionsrummet finns minnen ur flottans och Sjökrigsskolans historia.

The history room is full of memories of the fleet and the venerable Academy.

Graafikko

Grafikern – Graphic artist

Merisotakoulun kupeessa Pikku Mustasaaren ainoassa siviilirakennuksessa, entisessä kulkutautisairaalan parakissa asuu graafikko Erik Bruun, jonka merikotka-, saimaannorppa- ja lintuaiheiset grafiikkatyöt ovat tuttuja jokaiselle luonnonystävälle. Merta ja luontoa rakastavalle taiteilijalle paikka on ihanteellinen. Meri velloo muutaman metrin päässä ikkunasta. Erik Bruunin tutkielmat linnuista, sulista ja höyhenistä ovat taitavia piirustuksia ja tarkkoja yksityiskohdissaan. Hän on ikuistanut kotisaartensa maisemia lukuisiin julisteisiin, postimerkkeihin ja jopa rahaan. Harvinaisuus on yhteisjulkaisuna Ruotsissa ja Suomessa vuonna 2006 ilmestynyt kolmen postimerkin sarja, joka esittää Viaporissa rakennettuja saaristolaivaston kaleerialuksia taustanaan linnoitusmuurit. Merkissä Kustaanmiekan Kuninkaanportin edessä purjehtivassa Uudenmaa-tyyppisessä aluksessa kiinnittyy huomio katkenneeseen airoon. Erik Bruun kertoo nähneensä unen kaleerissa samaa airoa soutavista veljesparista, jotka kilpailivat samasta tytöstä ja suutuspäissään tempasivat airoa liian rajusti.

Invid Sjökrigsskolan i före detta epidemisjukhuset, som är Lilla Östersvartös enda civila byggnad, bor grafikern Erik Bruun. Havet svallar några meter utanför fönstret, så platsen är idealisk för en havs- och naturälskande konstnär. Bruuns grafik med havsörnar och saimenvikare är välbekant för alla naturvänner. Hans studier av fåglar, dun och fjädrar är skickligt tecknade och exakta in i minsta detalj. Bruun har avbildat sin hemös landskap på många affischer, frimärken och till och med sedlar. En filatelistisk raritet är en serie om tre frimärken som utgavs i en samutgåva med Sverige 2006. De föreställer tre av skärgårdsflottans fregatter som byggdes på Sveaborg med fästningsmurarna i bakgrunden. På frimärket med ett fartyg av Udema-typ framför Kungsporten på Gustavssvärd dras blicken till en avbruten åra. I en dröm hade Erik Bruun sett ett brödrapar som rodde samma åra ombord på en fregatt. Bröderna uppvaktade samma flicka och i ilskan ryckte de alltför häftigt i åran.

Nearby the Naval Academy in the former barracks of an isolation hospital, the only civilian building on Pikku Mustasaari Island, lives the graphic artist Erik Bruun. His works depicting the Saimaa seal, the white-tailed eagle and other birds are familiar to every nature lover. For an artist close to the sea and nature, it is an ideal place. The sea surges a few metres from his window. Erik Bruun's studies of birds, plumes and feathers are skilfully drawn and precise in detail. He has immortalized the landscape of his home island on countless posters, postage stamps and even banknotes. One rarity is a set of three stamps, jointly published in Finland and Sweden in 2006, showing the galleys of the archipelago fleet built in Suomenlinna, with the fortress walls in the background. The stamp showing an Uusimaa vessel in front of the King's Gate is remarkable for its broken oar. Bruun says that he had a dream of two brothers in a galley rowing on the same oar, who were trying to win the same girl and were so angry that they pulled on the oar too strongly.

Erik Brunnin piirustukset ovat yksityiskohdissaan tieteellisen täsmällisiä.

Erik Brunns teckningar är veten-skapligt exakta in i minsta detalj.

Erik Brunn's sketches are scientifically precise in their details.

Postimerkkisarja saaristolaivaston kaleereista ilmestyi samanaikaisesti Suomessa ja Ruotsissa.

Frimärksserien med fregatter ur skärgårdsflottan utkom i en samutgåva med Sverige.

The set of stamps showing galleys of the archipelago fleet were published simultaneously in Finland and Sweden.

Linnoitukset

Befästningsanläggningarna – Fortifications

Augustin Ehrensvärdin rakennuttama Viaporin linnoitussuunnitelma perustui ranskalaisen linnoitusinsinööri Sébastien Le Prestre de Vaubanin kehittämille bastionilinnoituksen periaatteille. Ehrensvärd sovelsi tätä vaubanilaista linnoitustyyppiä taitavasti epäsäännöllisen kallioisen saaristoluonnon määräämin ehdoin. Louhitut kallioseinämät jatkuvat louhitusta graniitista päälle muurattuina muureina istuttaen linnoituksen luontevasti kallioiseen maisemaan. Muurien sisäpuolelle muodostui vaikuttavia holvistoja ja kasematteja tykkiasemiksi, varastoiksi ja miehistötiloiksi. Vanhoja linnoitusholveja on kunnostettu sekä asunnoiksi että työ- ja juhlatiloiksi. Näistä komeimpia on Susisaarella bastioni Hyveen sisätila monipuolisesti polveilevine holvattuine tiloineen ja kiväärigallerioineen.

Krimin sodan jälkeen 1800-luvun loppupuolella syntyi Viaporin uusi linnoituskerrostuma. Merelle päin suuntautuva kallioranta sai uuden ilmeen mahtavista hiekkavalleista tykkiasemineen. Vallien taakse suojaan nousivat suuret yksikerroksiset kasarmirakennukset sotilaiden majoitustiloiksi.

I sin befästningsplan för Sveaborg utgick Augustin Ehrensvärd från de principer för befästningssystem som utvecklats av den franske ingenjörsofficeren Sébastien Le Prestre de Vauban. Ehrensvärd tillämpade Vaubans befästningsprinciper på ett skickligt sätt; byggandet anpassades efter den oregelbundna och bergiga skärgårdsnaturen. Befästningsanläggningarna placerades på ett naturligt sätt i det bergiga landskapet; ur berget sprängdes granitblock som sedan användes för att bygga murar på de sprängda bergväggarna. Innanför murarna byggdes mäktiga valv och kasematter som tjänstgjorde som kanonportar, magasin och logement för soldaterna. De gamla valven har restaurerats och inretts till bostäder, verkstäder och festsalar. En av de praktfullaste försvarsanläggningarna är bastion Dygd på Vargön med sina välvda tak och gevärsgallerier.

Efter Krimkriget i slutet av 1800-talet skapades ett andra befästningsskikt på Sveaborg. Den klippiga stranden mot havet fick ett nytt utseende av mäktiga sandvallar med batteriställningar. I skydd av vallarna restes långa envåningskaserner för soldaterna.

Augustin Ehrensvärd's plan for the fortress was based on the principles of bastion fortifications designed by the French military engineer Sébastien Le Prestre de Vauban. Ehrensvärd skilfully adapted the Vauban system of fortification to the irregular rocky shapes of the archipelago. Quarried rock walls are extended by mortar walls built on quarried granite, creating a natural seat for the fortifications in a rocky landscape. Spaces within the walls form impressive vaults and casemates, fortified chambers for cannon emplacements, storerooms and shelters for the defenders. Some old vaults have been turned into apartments, studios and banquet rooms. One of the finest is the space inside the Bastion of Virtue on Susisaari Island, with its meandering vaulted roof and rifle galleries.

A new stratum of fortification was created on Suomenlinna in the second half of the 19th century after the Crimean War. The rocky shore towards the sea was transformed with massive sand embankments and gun positions. Protected behind the embankments, single-storey barracks were built to house the troops.

Sarvilinna Hessenstein ja bastioni Wrede vartioivat vastakkaisilla rannoillaan Tykistölahtea.

Hornverket Hessenstein och bastion Wrede håller vakt på var sin sida om Artilleriviken.

The Hessenstein Crownworks and the Wrede Bastion guard Artillery Bay from opposite shores.

Osalla bastioni Harlemanin tiloista on kunnostus vielä edessä.

En del av bastion Harleman väntar ännu på att upprustas.

Renovation still lies ahead for some of the rooms in the Harleman Bastion.

Sotilaat ovat hakanneet Kustaanmiekan rantakallioon taidokkaita muistojaan.

De konstfärdiga ristningarna på Gustavssvärds strandklippor är utförda av soldater.

Soldiers have chipped elaborate commemorations into the rocks along the shore of Kustaanmiekka.

Stora-

Lilla=

=Svartö.

Väster=Svartö.